NOTICE SUR M. THOME

ET SUR

SA PARTICIPATION AUX EMBELLISSEMENTS

DE LA CAPITALE

PARIS

IMPRIMERIE CENTRALE DES CHEMINS DE FER

A. CHAIX ET Cie

RUE BERGÈRE, 20, PRÈS DU BOULEVARD MONTMARTRE

1877

NOTICE SUR M. THOME

ET SUR

SA PARTICIPATION AUX EMBELLISSEMENTS

DE LA CAPITALE

PARIS

IMPRIMERIE CENTRALE DES CHEMINS DE FER

A. CHAIX ET Cie

RUE BERGÈRE, 20, PRÈS DU BOULEVARD MONTMARTRE

1877

NOTICE SUR M. THOME

ET SUR

SA PARTICIPATION AUX EMBELLISSEMENTS

DE LA CAPITALE

M. Thome naquit le 27 décembre 1809, à Bagnols-sur-Cèze, arrondissement d'Uzès (Gard).

Membre d'une famille nombreuse et peu aisée, il fut, de bonne heure, aux prises avec le travail et les difficultés de la vie : il avait sept ans à peine, lorsque, pour la première fois, il se mit à l'œuvre, et, depuis lors, il n'a jamais cessé de travailler.

Il demeura dans sa famille jusqu'en 1830 ; à cette époque, il quitta son pays natal, se rendit à Lyon, puis à Nevers, travailla dans ces deux villes comme tailleur de pierres et prit ensuite la route de Paris où il arriva vers la fin de 1831.

Ses premiers pas dans la capitale ne furent pas heureux, la révolution de juillet ayant tout paralysé, et surtout l'industrie du bâtiment, il ne put trouver à s'occuper, et fut contraint, pour vivre, d'aller faire des terrassements au Fort de Vincennes.

De 1832 à 1838, M. Thome fut employé dans divers travaux de la capitale, soit comme simple tailleur de pierres, soit comme chef d'atelier; il fut attaché, en cette dernière qualité, à la construction du Palais des Relations (aujourd'hui le Conseil d'État.)

A partir de 1838, M. Thome travailla pour son propre compte et dirigea, seul, ses opérations. Il construisit, pour son installation, la première maison qui fut élevée sur la pelouse de Chaillot et ne quitta jamais ce quartier.

Depuis lors, l'importance des travaux de M. Thome ne fit que s'accroître; il construisit les premières grandes maisons du boulevard Saint-Denis, de la rue du Temple, à l'angle de la rue Meslay, du faubourg du Temple, à l'angle du passage d'Aumale et de la rue Saintonge.

De 1842 à 1843, il éleva toutes les maisons de la rue Neuve-des-Petits-Champs, à partir de la rue Sainte-Anne, et construisit sur tous les terrains de l'ancienne douane, rue d'Enghien et aux angles de la rue Hauteville.

De 1844 à 1846, il contribua à l'ouverture de la rue du Havre et de celle du Cirque ; éleva des maisons sur la place du Havre et sur tout le côté droit de la rue du Havre, aux angles des rues d'Anjou, de la Pépinière, d'Aumale, Saint-Georges et de la Rochefoucauld ; fit les constructions de la rue du Cirque et construisit plusieurs maisons rue Monsieur-le-Prince.

De 1847 à 1850, M. Thome fit les constructions des Messageries Impériales, rue Notre-Dame-des-Victoires, ainsi que plusieurs hôtels.

Il devint adjudicataire, le 24 septembre 1851, des travaux de la Mairie de Montrouge, et construisit, en même temps qu'il exécutait ces travaux, les importants hôtels de l'avenue Gabrielle, et des rues de Ponthieu et d'Angoulême.

De 1855 à 1856, M. Thome bâtit les maisons

et hôtels de l'ancien promenoir de Chaillot, qui lui fut cédé en vertu d'une délibération du Conseil municipal du 19 octobre 1854 et d'un décret impérial du 16 décembre suivant.

Ces travaux furent exécutés, conformément à la promesse verbale faite par M. Thome à M. le Préfet, dans un délai de deux années et pendant la guerre de Crimée, alors que les travaux allaient fort mal et que de nombreux ouvriers étaient sans ouvrage.

Depuis, M. Thome construisit la presque totalité des maisons de l'avenue Joséphine et de la rue Galilée, et il éleva la maison faisant l'angle de l'avenue des Champs-Élysées et de la rue du Bel-Respiro, ainsi que les quatre maisons qui se trouvent sur l'emplacement de l'ancienne Brasserie Anglaise, à l'angle de l'avenue de l'Alma et de celle des Champs-Élysées.

En 1863, M. Thome obtint de la ville de Paris la concession des avenues Joséphine et de l'Alma et de leurs abords (délibération du Conseil Municipal du 23 octobre 1863 et décret du 27 janvier

1864). Ces voies furent exécutées, et presque tous les lots compris entre les avenues Joséphine et de l'Alma furent construits.

En 1864, la ville de Paris concéda à M. Thome l'ouverture des avenues de l'Empereur et d'Iéna, des rues de Morny et de Lubeck et de plusieurs autres voies complétant le quartier de Chaillot (délibération du Conseil municipal du 13 juin 1864 et décret du 24 septembre suivant).

Cette concession et la précédente embrassaient tous les percements compris entre l'avenue des Champs-Élysées, l'avenue Montaigne, le quai de Billy, la place et le boulevard du Roi-de-Rome.

En 1866, M. Thome fut chargé par la ville de Paris des opérations suivantes :

Le 12 avril, de l'ouverture de l'avenue Bosquet, de l'achèvement de l'avenue Duquesne et des abords de l'Exposition universelle de 1867 (délibération du Conseil municipal du 6 avril et arrêté préfectoral du 12 du même mois).

Le 29 mai, de l'ouverture de la rue de Rennes

et de la formation de ses abords, depuis la rue de Vaugirard jusqu'à la place Saint-Germain-des-Prés (délibération du Conseil municipal du 4 mai et arrêté préfectoral du 29 du même mois).

Et le 1er juin, de la formation de l'emplacement de l'église de Chaillot et de ses abords (délibération du Conseil municipal du 8 juin et arrêté préfectoral du 16 du même mois).

Ces percements furent achevés bien avant le délai de trois ans fixé par l'administration. Aussitôt M. Thome s'occupa de faire construire les terrains en bordure. Il construisit lui-même les maisons portant les nos 43, 58, 88, 97, rue de Rennes, et 8, rue du Vieux-Colombier.

En même temps, c'est-à-dire de 1866 à 1870, M. Thome élevait dans le quartier de Chaillot, qu'il venait de transformer, les maisons et hôtel portant les nos 22 et 24, rue Freycinet, 54, rue de Chaillot, 35 et 37, avenue Joséphine, 58, même avenue.

De 1870 à 1877, M. Thome construisit les maisons et hôtels portant les nos 70, 72, 74, avenue d'Iéna, 75, rue de Morny, 55 et 57, rue de Rennes, au coin de la rue du Four-Saint-Germain et de la rue Madame, cinq hôtels à l'angle de l'avenue d'Iéna et de la rue Galilée, portant les n°s 43, 45, 47, sur l'avenue d'Iéna, et 28 et 30, sur la rue Galilée, et trois hôtels place de Bitche et rue de Belloy.

Enfin tout récemment, le 7 août 1877, il acheta de la Ville, à la Chambre des notaires de Paris, un grand terrain de 8,500 mètres avoisinant le Trocadéro, et sur lequel il construit huit hôtels.

Ces grandes opérations viennent d'être couronnées par un décret de M. le Maréchal-Président de la République, en date du 5 novembre 1877, qui a décerné à M. Thome le titre de chevalier de la Légion d'honneur.

En résumé : parti de Bagnols sans fortune et sans appui, M. Thome sut, à l'aide de son intelligence et grâce à un travail obstiné, conquérir la place qu'il occupe aujourd'hui dans l'échelle sociale.

Il fut assez heureux de pouvoir remplir toujours ses engagements, même dans les temps les plus difficiles et pendant les plus grandes crises.

LETTRE

DE

MESSIEURS LES MEMBRES DU CONSEIL MUNICIPAL DE PARIS

A MONSIEUR LE PRÉFET DE LA SEINE

DU 14 JUILLET 1866

DEMANDANT, POUR M. THOME, LA DÉCORATION
DE LA LÉGION D'HONNEUR

A Monsieur le Sénateur, préfet de la Seine,

Monsieur le Préfet,

Permettez-nous de venir appuyer, auprès de vous, une demande qui vous a été adressée par M. Thome et, qui nous a paru justifiée par des services exceptionnels.

M. Thome est connu de nous depuis de longues années sous les plus honorables rapports, et dans ces derniers. temps, plus qu'aucun autre, il a concouru aux grands travaux qui transforment Paris et qui sont l'honneur de votre administration.

Nous n'avons pas besoin de vous rappeler la transformation ou l'achèvement de l'avenue Gabrielle, du promenoir de Chaillot, du quartier de Chaillot et de la plupart des grandes avenues qui rayonnent autour de l'Arc de Triomphe de l'Étoile.

Tous ces travaux ont été conduits avec intelli-

gence, célérité et à la satisfaction de l'administration.

Ils sont les titres de M. Thome à votre
bienveillance, et ils vous seront attestés par tous
les chefs de service et les ingénieurs de votre
administration, qui, nous en sommes certains, ont
eu constamment à se louer de son zèle et de
son concours.

Mais ce qui, à nos yeux, place M. Thome
dans une situation exceptionnelle, ce qui nous
le fait considérer comme digne de vous être
recommandé, c'est qu'il est, au plus haut degré,
fils de ses œuvres. Sorti de la classe ouvrière,
sans appui, sans protection autre que son travail,
sa conduite et son intelligence, il a pu s'élever
et grandir dans sa profession au point d'entre-
prendre et de mener à bien des travaux gigan-
tesques ; il a groupé autour de lui, par la con-
fiance qu'il inspire, d'importants capitaux qui lui
ont permis et qui lui permettent encore de
seconder vos grands projets.

De tels résultats, Monsieur le Préfet, ne sont-ils pas un puissant encouragement pour tous les hommes d'intelligence que la classe ouvrière renferme dans son sein ; et les hommes qui les obtiennent ne méritent-ils pas d'être signalés et honorés par les témoignages de bienveillance de l'administration et du Gouvernement, et par des distinctions qui sont comme le sceau de l'estime publique et la consécration d'une vie utilement et honorablement remplie ?

Nous l'avons pensé, Monsieur le Préfet, et c'est ce qui fait que nous n'avons pas hésité à venir vous exprimer toutes nos sympathies pour M. Thome.

Veuillez agréer, Monsieur le Préfet, l'assurance de notre haute considération et l'expression de nos sentiments les plus dévoués.

Paris, le 14 juillet 1866.

(Suivent les signatures des membres
du Conseil municipal de Paris.)

IMPRIMERIE CENTRALE DES CHEMINS DE FER. — A. CHAIX ET Cⁱᵉ,
RUE BERGERE, 20, A PARIS — 18772-7.